Marta's Travels Bilingual Italian-English Stories for Italian Language Learners

Pomme Bilingual

Published by Pomme Bilingual, 2024.

While every precaution has been taken in the preparation of this book, the publisher assumes no responsibility for errors or omissions, or for damages resulting from the use of the information contained herein.

MARTA'S TRAVELS BILINGUAL ITALIAN-ENGLISH STORIES FOR ITALIAN LANGUAGE LEARNERS

First edition. October 7, 2024.

ISBN: 979-8227405562

Written by Pomme Bilingual.

Table of Contents

I Viaggi di Marta

Marta aveva sempre sognato di viaggiare per l'Italia, non per visitare le grandi città turistiche, ma per scoprire i piccoli paesi che sembravano dimenticati dal tempo. Dopo anni trascorsi in ufficio, finalmente decise di partire, lasciandosi alle spalle la frenesia di Milano.

Il primo paese che visitò fu Montecchio, un borgo nascosto tra le colline toscane. Le strade erano strette e silenziose, le case in pietra ricoperte di edera. Marta passeggiava senza fretta, fermandosi di tanto in tanto a parlare con gli anziani seduti fuori dalle loro case. C'era una tranquillità lì, una pace che sembrava avvolgere tutto. "Qui, il tempo sembra scorrere più lentamente," pensò, osservando un contadino che lavorava nei campi.

Continuando il suo viaggio, Marta si fermò in un piccolo bar al centro del paese. Il barista, un uomo di nome Carlo, le raccontò di come la sua famiglia gestisse quel locale da generazioni. "I miei nonni hanno costruito questo bar con le loro mani," disse con orgoglio. "Oggi non ci sono più molti clienti, ma per me questo posto è casa." Quelle parole rimasero impresse nella mente di Marta. Cosa significava davvero "casa"?

Marta proseguì verso il sud, attraversando Umbria e Basilicata, visitando paesi di cui pochi avevano sentito parlare. Ogni luogo aveva la sua storia, i suoi abitanti con le loro tradizioni e abitudini. In un paesino sulle montagne lucane, una vecchia signora le insegnò come fare il pane secondo un'antica ricetta tramandata da generazioni. In un altro villaggio, un giovane pastore le mostrò il percorso che le sue pecore seguivano da secoli.

Il viaggio non era solo una scoperta geografica, ma anche un viaggio interiore. Marta rifletteva su ciò che aveva lasciato dietro di sé, sulla sua vita precedente piena di impegni e distrazioni. La frenesia di Milano sembrava lontana anni luce. Qui, immersa nella calma della campagna, Marta iniziava a comprendere meglio chi fosse e cosa stesse cercando.

Una sera, mentre guardava il sole tramontare dietro le colline, Marta capì che non era alla ricerca di un luogo fisico da chiamare casa. La casa era qualcosa che portava dentro di sé, qualcosa che scopriva ad ogni passo, in ogni incontro, in ogni sorriso che riceveva. Era la sensazione di appartenenza che nasceva dal condividere un momento, una storia, una vita.

Alla fine del suo viaggio, Marta tornò a Milano, ma era cambiata. Non sentiva più il bisogno di cercare casa in un luogo, perché aveva scoperto che la vera casa era in lei stessa, ovunque andasse.

Marta's Travels

Marta had always dreamed of traveling across Italy, not to visit the big tourist cities, but to discover the small towns that seemed forgotten by time. After years spent in an office, she finally decided to leave, escaping the hustle and bustle of Milan.

The first town she visited was Montecchio, a hidden village nestled in the Tuscan hills. The streets were narrow and quiet, the stone houses covered in ivy. Marta strolled slowly, stopping occasionally to chat with the elderly sitting outside their homes. There was a tranquility there, a peace that seemed to embrace everything. "Here, time seems to flow more slowly," she thought, watching a farmer working in the fields.

As her journey continued, Marta stopped in a small café in the center of the village. The bartender, a man named Carlo, told her how his family had run the place for generations. "My grandparents built this café with their own hands," he said proudly. "Today, there aren't many customers left, but for me, this place is home." Those words stayed in Marta's mind. What did "home" really mean?

Marta continued south, crossing through Umbria and Basilicata, visiting towns few had ever heard of. Each place had its own story, its inhabitants with their traditions and customs. In a small village in the Lucanian mountains, an old woman taught her how to make bread using an ancient recipe passed down through generations. In another village, a young shepherd showed her the path his sheep had followed for centuries.

The journey wasn't just a geographical discovery, but also an inner one. Marta reflected on what she had left behind, on her previous life filled with commitments and distractions. The frenzy of Milan seemed light-years away. Here, immersed in the calm of the countryside, Marta began to understand herself better and what she was truly searching for.

One evening, as she watched the sun set behind the hills, Marta realized that she wasn't looking for a physical place to call home. Home was something she carried within herself, something she discovered with every step, in every encounter, in every smile she received. It was the feeling of belonging that came from sharing a moment, a story, a life.

At the end of her journey, Marta returned to Milan, but she had changed. She no longer felt the need to search for home in a place, because she had discovered that true home was within herself, wherever she went.

Il Mercante di Sogni

Nella terra incantata della Toscana rinascimentale, si narrava di un mercante misterioso che non vendeva spezie, sete o gioielli, ma sogni. Il suo nome era Serafino, e girava di villaggio in villaggio con una carrozza dorata, portando con sé un piccolo forziere di legno. All'interno, non c'erano tesori materiali, ma sogni che lui prometteva di realizzare.

"Un sogno per ogni desiderio," diceva sorridendo a chiunque lo avvicinasse. "Mostratemi ciò che più bramate, e io vi darò un sogno che lo renderà reale, anche solo per una notte."

Nel piccolo villaggio di Pietraluna, Serafino si fermò nella piazza principale. La notizia della sua presenza si sparse rapidamente, e presto una folla si radunò. Tra di loro c'erano contadini desiderosi di ricchezze, giovani innamorati speranzosi di un futuro insieme, e anziani che volevano rivivere i giorni della loro giovinezza. Serafino ascoltava i loro desideri con pazienza, e uno alla volta, consegnava i sogni sotto forma di piccole pergamene avvolte con un nastro dorato.

Ma quel giorno, un uomo diverso si avvicinò a Serafino. Si chiamava Balthazar, e aveva uno sguardo cupo, pieno di dolore. "Voglio un sogno," disse con voce bassa, "ma non un sogno comune. Voglio un sogno di vendetta."

Serafino lo fissò a lungo. "I miei sogni non sono fatti per il male," rispose. "Sono creati per portare sollievo, speranza, e qualche volta, gioia."

"Non chiedo gioia," replicò Balthazar. "Chiedo giustizia. Voglio che tu mi mostri come distruggere il mio nemico. Questo è l'unico sogno che voglio."

Serafino esitò. Mai prima d'ora aveva ricevuto una richiesta simile. Sapeva che i sogni che vendeva avevano poteri misteriosi, capaci di influenzare chi li viveva, ma vendere un sogno di vendetta era una linea che non aveva mai attraversato. Tuttavia, vide la disperazione negli occhi di Balthazar, e la tentazione di accettare crebbe dentro di lui. Poteva realmente rifiutare? Non era forse il suo compito quello di vendere sogni, qualsiasi essi fossero?

"Sai che i sogni possono consumare la tua anima," disse infine. "Una volta che il sogno di vendetta inizia, non potrai tornare indietro."

"Lo so," rispose Balthazar. "E lo accetto."

Con un profondo sospiro, Serafino aprì il suo forziere e tirò fuori una pergamena scura, avvolta in un nastro nero. "Questo è il sogno che cerchi," disse, consegnandogliela. "Ma ricorda, una volta vissuto questo sogno, la tua vita non sarà più la stessa."

Balthazar afferrò la pergamena con mani tremanti e si allontanò senza una parola. La folla, che fino a quel momento aveva guardato in silenzio, cominciò a mormorare. Alcuni pensarono che Serafino avesse commesso un errore, altri credevano che fosse stato giusto dare a Balthazar ciò che aveva chiesto.

Passarono giorni, e Balthazar non fu più visto nel villaggio. Le persone dimenticarono presto l'accaduto, ma Serafino no. Ogni notte, quando si coricava sotto le stelle, pensava a quel sogno di vendetta e al peso che aveva messo sulle sue spalle.

Un giorno, mentre stava per lasciare un altro villaggio, Serafino trovò una lettera sigillata ad aspettarlo nella sua carrozza. Era firmata da Balthazar. "Il sogno ha avuto successo," diceva la lettera, "ma ora non posso più sognare. La vendetta ha soddisfatto il mio desiderio, ma ha svuotato il mio cuore. Serafino, tu mi hai dato ciò che volevo, ma in cambio ho perso la mia anima."

Serafino chiuse gli occhi e capì che il prezzo dei sogni non era sempre oro o argento. A volte, il prezzo era l'anima stessa.

The Dream Merchant

In the enchanted land of Renaissance Tuscany, there was talk of a mysterious merchant who didn't sell spices, silks, or jewels, but dreams. His name was Serafino, and he traveled from village to village with a golden carriage, carrying a small wooden chest. Inside, there were no material treasures, but dreams he promised to fulfill.

"A dream for every desire," he would say, smiling to anyone who approached him. "Show me what you most crave, and I will give you a dream that will make it real, if only for a night."

In the small village of Pietraluna, Serafino stopped in the main square. Word of his presence spread quickly, and soon a crowd gathered. Among them were farmers longing for wealth, young lovers hopeful for a future together, and the elderly who wanted to relive their youth. Serafino listened to their desires with patience, and one by one, he handed out dreams in the form of small scrolls tied with golden ribbon.

But that day, a different man approached Serafino. His name was Balthazar, and his gaze was dark, full of pain. "I want a dream," he said in a low voice, "but not an ordinary one. I want a dream of revenge."

Serafino stared at him for a long time. "My dreams are not made for evil," he replied. "They are created to bring relief, hope, and sometimes, joy."

"I don't ask for joy," Balthazar retorted. "I ask for justice. I want you to show me how to destroy my enemy. That is the only dream I want."

Serafino hesitated. Never before had he received such a request. He knew that the dreams he sold had mysterious powers, capable of influencing those who experienced them, but to sell a dream of revenge was a line he had never crossed. Yet, he saw the desperation in Balthazar's eyes, and the temptation to accept grew within him. Could he really refuse? Wasn't it his job to sell dreams, whatever they may be?

"You know that dreams can consume your soul," he finally said. "Once the dream of revenge begins, there's no turning back."

"I know," Balthazar replied. "And I accept it."

With a deep sigh, Serafino opened his chest and pulled out a dark scroll, wrapped in a black ribbon. "This is the dream you seek," he said, handing it to him. "But remember, once you live this dream, your life will never be the same."

Balthazar grabbed the scroll with trembling hands and walked away without a word. The crowd, which had been watching in silence, began to murmur. Some thought Serafino had made a mistake; others believed it was right to give Balthazar what he had asked for.

Days passed, and Balthazar was no longer seen in the village. People soon forgot the incident, but Serafino did not. Every night, as he lay under the stars, he thought of that dream of revenge and the burden it had placed on his shoulders.

One day, as he was about to leave another village, Serafino found a sealed letter waiting for him in his carriage. It was signed by Balthazar. "The dream was successful," the letter said, "but now I can no longer dream. The revenge satisfied my desire, but it has emptied my heart. Serafino, you gave me what I wanted, but in return, I have lost my soul."

Serafino closed his eyes and understood that the price of dreams wasn't always gold or silver. Sometimes, the price was the soul itself.

La Casa Senza Porte

Luca e Marta non avevano mai pensato che la loro vita avrebbe preso una svolta così inaspettata. Quando ricevettero la notizia che avevano ereditato una vecchia villa da un lontano parente, furono sorpresi. Non sapevano quasi nulla di quella famiglia, né della casa situata nelle campagne solitarie della Toscana. Nonostante i dubbi, la coppia decise di trasferirsi, convinta che quella villa potesse essere l'inizio di una nuova vita insieme.

La casa era imponente, ma decadente. Il tempo aveva lasciato il suo segno sulle pareti screpolate, sulle finestre polverose e sui pavimenti scricchiolanti. Una volta dentro, tutto sembrava troppo silenzioso, come se il tempo stesso si fosse fermato tra quelle mura. La prima notte, Luca e Marta dormirono male, disturbati da rumori strani, come passi lontani che rimbombavano nei corridoi vuoti.

Il giorno successivo, iniziarono a esplorare la casa più a fondo. Notarono subito qualcosa di strano: non c'erano porte. Ogni stanza era collegata all'altra attraverso aperture ad arco o passaggi stretti, ma nessuna aveva una porta vera e propria. L'assenza di porte dava alla casa un'atmosfera soffocante, come se fosse impossibile trovare un vero riparo.

"È strano, vero?" disse Marta, camminando in un lungo corridoio che sembrava non finire mai.

"Sì," rispose Luca, osservando le pareti spoglie. "Non ho mai visto una casa costruita in questo modo."

Continuarono a esplorare, trovando stanze che sembravano non avere uno scopo preciso, con mobili antichi e ricoperti di polvere. In una di queste stanze, Marta scoprì un vecchio diario nascosto sotto una pila di libri ingialliti. Lo aprì con curiosità, ma le pagine erano quasi illeggibili. Le poche parole che riuscì a decifrare parlavano di "qualcosa" che si muoveva tra le pareti, una presenza che osservava senza farsi vedere.

"È solo un vecchio diario," disse Luca, cercando di rassicurarla. "Probabilmente una fantasia di chi viveva qui prima."

Ma Marta non era convinta. Nei giorni seguenti, la sensazione di essere osservata divenne sempre più intensa. Di notte, sentivano i rumori diventare più forti, e ombre nere sembravano strisciare lungo le pareti, seguendoli in ogni stanza.

Una sera, mentre Luca stava lavorando su una delle stanze del piano superiore, Marta scoprì un passaggio segreto dietro una libreria. Decise di esplorarlo, pensando che potesse condurre a qualche vecchio magazzino. Ma il passaggio era stretto e oscuro, e sembrava scendere in profondità nelle viscere della casa. Mentre avanzava, la sensazione di freddo aumentava, e una paura inspiegabile cominciò a invaderla.

All'improvviso, sentì una mano gelida afferrarle la spalla. Si voltò di scatto, ma non vide nulla. Il cuore le batteva all'impazzata, e corse fuori dal passaggio, chiudendo la libreria dietro di sé. Quando raccontò tutto a Luca, lui cercò di rassicurarla, ma anche lui non riusciva più a ignorare la strana atmosfera della casa.

Decisero di indagare sulla storia della villa, e scoprirono che molti dei precedenti proprietari erano scomparsi misteriosamente. Nessuno sapeva cosa fosse successo a loro, ma c'erano leggende che parlavano di una "presenza" che abitava la casa, qualcosa di malevolo che si nutriva della paura degli abitanti.

Una notte, mentre stavano dormendo, si svegliarono di soprassalto. Le ombre si erano materializzate, più dense e minacciose che mai, e sembravano chiudersi su di loro. C'era una sensazione opprimente, come se la casa stessa li stesse intrappolando, come se non volesse lasciarli andare.

Marta gridò, ma il suono si perse nel vuoto. Luca la afferrò per mano e corsero verso l'uscita, cercando disperatamente di scappare. Ma non c'erano porte. Non c'erano più passaggi. La casa li aveva avvolti, e le ombre si avvicinavano sempre di più, fino a inghiottirli completamente.

Da quel giorno, nessuno vide più Luca e Marta. La villa rimase vuota, avvolta in un silenzio inquietante. E ancora oggi, si dice che chiunque entri in quella casa senza porte, non ne uscirà mai più.

The House Without Doors

Luca and Marta had never imagined their lives would take such an unexpected turn. When they received the news that they had inherited an old mansion from a distant relative, they were surprised. They knew almost nothing about that side of the family, nor about the house located in the solitary Tuscan countryside. Despite their doubts, the couple decided to move in, convinced that the mansion could mark the beginning of a new life together.

The house was imposing but decayed. Time had left its mark on the cracked walls, dusty windows, and creaking floors. Once inside, everything seemed eerily quiet, as if time itself had stopped within those walls. That first night, Luca and Marta slept poorly, disturbed by strange noises, like distant footsteps echoing through the empty halls.

The next day, they began to explore the house more thoroughly. They immediately noticed something odd: there were no doors. Every room was connected to the next through archways or narrow passages, but none had a proper door. The absence of doors gave the house a suffocating atmosphere, as if it was impossible to find true refuge.

"It's strange, isn't it?" Marta said, walking down a long corridor that seemed to never end.

"Yes," Luca replied, eyeing the bare walls. "I've never seen a house built like this."

They continued exploring, finding rooms that seemed to serve no particular purpose, filled with ancient furniture covered in dust. In one of these rooms, Marta discovered an old diary hidden beneath a pile of yellowed books. She opened it curiously, but the pages were almost illegible. The few words she could make out spoke of "something" moving between the walls, a presence that watched without being seen.

"It's just an old diary," Luca said, trying to reassure her. "Probably the fantasy of whoever lived here before."

But Marta wasn't convinced. In the days that followed, the feeling of being watched grew stronger. At night, the noises became louder, and dark shadows seemed to crawl along the walls, following them from room to room.

One evening, while Luca was working on one of the upstairs rooms, Marta discovered a secret passage behind a bookshelf. She decided to explore it, thinking it might lead to some old storeroom. But the passage was narrow and dark, and it seemed to descend deep into the bowels of the house. As she advanced, the cold sensation grew, and an inexplicable fear began to grip her.

Suddenly, she felt an icy hand grab her shoulder. She spun around, but saw nothing. Her heart raced, and she ran out of the passage, closing the bookshelf behind her. When she told Luca everything, he tried to comfort her, but even he could no longer ignore the strange atmosphere of the house.

They decided to investigate the history of the mansion and discovered that many of the previous owners had mysteriously disappeared. No one knew what had happened to them, but there were legends of a "presence" inhabiting the house, something malevolent that fed on the fear of its inhabitants.

One night, while they were sleeping, they were abruptly awakened. The shadows had materialized, denser and more threatening than ever, and seemed to be closing in on them. There was an oppressive feeling, as if the house itself was trapping them, as if it didn't want to let them go.

Marta screamed, but the sound was swallowed by the void. Luca grabbed her hand, and they ran toward the exit, desperately trying to escape. But there were no doors. There were no more passages. The house had enveloped them, and the shadows drew closer and closer, until they completely engulfed them.

From that day, no one ever saw Luca and Marta again. The mansion remained vacant, wrapped in an unsettling silence. And even today, it is said that anyone who enters that doorless house will never leave.

Il Gusto della Libertà

Era il 1974, e l'Italia era in pieno fermento politico. Le strade di Roma erano un campo di battaglia, dove la passione per il cambiamento si scontrava con la brutalità di un sistema corrotto. Tra coloro che lottavano per un futuro migliore c'era un gruppo di studenti universitari, giovani idealisti pronti a tutto pur di difendere i loro sogni di giustizia e libertà.

Marco, il leader del gruppo, era figlio di operai e aveva visto con i propri occhi cosa significava vivere sotto il giogo di un governo che ignorava i diritti dei più deboli. Credeva profondamente che il cambiamento potesse arrivare solo attraverso l'azione diretta. Con lui c'erano Silvia, una studentessa di giurisprudenza dalla mente affilata, e Pietro, un giovane artista che usava i suoi murales per denunciare le ingiustizie della società.

La tensione cresceva giorno dopo giorno, e il malcontento della popolazione esplodeva in manifestazioni sempre più violente. Il governo rispondeva con la repressione, arrestando e picchiando chiunque osasse opporsi. Per Marco e i suoi amici, non c'era altra scelta se non quella di lottare. Si incontravano di nascosto, pianificando strategie, stampando volantini, cercando di mobilitare quante più persone possibili.

Una sera, durante una riunione clandestina in un seminterrato umido e angusto, Marco alzò la voce. "Dobbiamo agire, e dobbiamo farlo ora! Non possiamo aspettare che qualcun altro faccia il primo passo. La rivoluzione non arriva da sola!"

"Ma a quale costo?" chiese Silvia, fissandolo con uno sguardo serio. "Non possiamo ignorare il fatto che la repressione del governo si sta facendo sempre più brutale. Ogni giorno, qualcuno di noi finisce in prigione o peggio."

"La libertà non è gratuita," rispose Marco, deciso. "Se vogliamo un cambiamento, dobbiamo essere disposti a pagare il prezzo."

Quella notte, decisero di organizzare una grande manifestazione, un corteo che avrebbe attraversato il centro di Roma, sfidando apertamente le autorità. Sapevano che il rischio era enorme, ma erano disposti a tutto.

Il giorno della manifestazione, le strade erano invase da una folla determinata. Marco marciava in testa, con il pugno alzato, gridando slogan contro la corruzione del governo. Le voci degli studenti si univano in un coro di rabbia e speranza, ma presto il loro canto fu interrotto dal suono sinistro degli elicotteri sopra di loro e dalla comparsa dei furgoni della polizia.

In pochi istanti, la situazione precipitò. Le forze dell'ordine, armate di manganelli e gas lacrimogeni, attaccarono la folla. Quello che doveva essere un corteo pacifico si trasformò in un caos violento. Marco cercava di mantenere il controllo, gridando ai suoi compagni di non reagire, ma era inutile. La rabbia aveva preso il sopravvento.

Nel mezzo della confusione, Marco vide Pietro cadere a terra, colpito da un agente. Senza pensarci, si lanciò verso di lui per aiutarlo, ma fu travolto da una raffica di manganellate. Il dolore era lancinante, ma ciò che lo colpiva di più era l'impotenza. Avevano creduto di poter cambiare il mondo, ma in quel momento, sembrava che tutto fosse perduto.

Silvia, che era riuscita a sfuggire al caos, si rifugiò in una strada laterale. Osservava la scena da lontano, con il cuore in gola. Le sirene urlavano, le grida si mescolavano al rumore dei colpi, e lei capì, con amara chiarezza, che il prezzo della libertà era molto più alto di quanto avessero immaginato.

Nei giorni successivi, i notiziari parlavano di arresti di massa, di studenti feriti e alcuni dispersi. Il governo, tuttavia, rimaneva saldo, rafforzando il suo potere con la violenza. Marco fu portato via in una cella, Pietro non si svegliò mai dall'ospedale, e Silvia rimase sola, con il peso di una lotta che sembrava non avere mai fine.

Ma nonostante tutto, nessuno di loro si pentì. Avevano assaporato il gusto della libertà, anche solo per un momento, e sapevano che, un giorno, quella scintilla avrebbe incendiato l'intero paese.

The Taste of Freedom

It was 1974, and Italy was in the midst of political turmoil. The streets of Rome were a battleground, where the passion for change clashed with the brutality of a corrupt system. Among those fighting for a better future was a group of university students, young idealists ready to do anything to defend their dreams of justice and freedom.

Marco, the leader of the group, was the son of factory workers and had seen firsthand what it meant to live under a government that ignored the rights of the weak. He deeply believed that change could only come through direct action. With him were Silvia, a law student with a sharp mind, and Pietro, a young artist who used his murals to denounce the injustices of society.

Tensions were rising day by day, and the public's discontent exploded into increasingly violent protests. The government responded with repression, arresting and beating anyone who dared to oppose them. For Marco and his friends, there was no choice but to fight. They met in secret, planning strategies, printing flyers, trying to mobilize as many people as possible.

One evening, during a clandestine meeting in a damp, cramped basement, Marco raised his voice. "We have to act, and we have to do it now! We can't wait for someone else to make the first move. Revolution doesn't come by itself!"

"But at what cost?" asked Silvia, staring at him seriously. "We can't ignore the fact that the government's repression is becoming more brutal by the day. Every day, one of us ends up in jail or worse."

"Freedom isn't free," Marco replied, resolute. "If we want change, we must be willing to pay the price."

That night, they decided to organize a massive protest, a march that would cut through the center of Rome, openly defying the authorities. They knew the risk was enormous, but they were willing to face it.

On the day of the protest, the streets were filled with a determined crowd. Marco marched at the front, fist raised, shouting slogans against government corruption. The students' voices united in a chorus of anger and hope, but soon their chants were drowned out by the sinister sound of helicopters overhead and the arrival of police vans.

In a matter of moments, the situation spiraled out of control. The police, armed with batons and tear gas, attacked the crowd. What was meant to be a peaceful protest quickly turned into violent chaos. Marco tried to maintain control, shouting to his companions not to retaliate, but it was useless. The anger had taken over.

Amid the confusion, Marco saw Pietro fall to the ground, struck by an officer. Without thinking, he rushed to help him but was overwhelmed by a barrage of blows. The pain was excruciating, but what hurt more was the helplessness. They had believed they could change the world, but in that moment, it seemed that everything was lost.

Silvia, who had managed to escape the chaos, found refuge in a side street. She watched the scene from afar, heart pounding. Sirens wailed, screams mixed with the sounds of blows, and she understood, with bitter clarity, that the price of freedom was much higher than they had imagined.

In the following days, the news spoke of mass arrests, students injured, and some missing. The government, however, remained firm, reinforcing its power with violence. Marco was taken away to a cell, Pietro never woke up from the hospital, and Silvia was left alone, burdened by a struggle that seemed to have no end.

Yet, despite everything, none of them regretted it. They had tasted the flavor of freedom, even if only for a moment, and they knew that, one day, that spark would ignite the entire country.

L'Uomo che Parlava agli Alberi

Nel cuore di una valle isolata, c'era un piccolo villaggio che sembrava essere stato dimenticato dal mondo. Le strade erano strette e polverose, le case di pietra antiche e consumate dal tempo. I pochi abitanti vivevano vite semplici, lontano dai rumori della modernità. Ma c'era una figura che tutti nel villaggio conoscevano bene: l'uomo che parlava agli alberi.

Si chiamava Anselmo, e nessuno sapeva esattamente quanti anni avesse. Per quanto chiunque potesse ricordare, era sempre stato lì, con la sua barba grigia e il suo bastone di legno, passeggiando nei boschi che circondavano il villaggio. Gli anziani raccontavano che Anselmo aveva sempre avuto una connessione speciale con la natura, ma nessuno prendeva seriamente le sue affermazioni di poter parlare con gli alberi. Lo consideravano un uomo eccentrico, un sognatore che viveva in un mondo tutto suo.

Un giorno, una giovane giornalista di nome Chiara arrivò al villaggio. Lavorava per una rivista specializzata in racconti di luoghi misteriosi e leggende locali, e la storia di Anselmo aveva catturato la sua attenzione. Aveva viaggiato ore per raggiungere quel posto remoto, desiderosa di incontrare l'uomo e capire cosa si nascondesse dietro le sue affermazioni.

Chiara lo trovò facilmente. Era seduto su una panchina vicino alla piazza del villaggio, con lo sguardo perso verso la foresta che si estendeva all'orizzonte. Avvicinandosi con il suo taccuino, si presentò e chiese di poterlo intervistare.

Anselmo la guardò con occhi saggi e profondi, come se sapesse già perché era lì. "Se vuoi parlare con me, devi prima ascoltare loro," disse, indicando gli alberi con un lieve cenno del capo.

Chiara rise nervosamente. "Intendi gli alberi?" chiese incredula.

"Loro sanno più di quanto immagini," rispose Anselmo con un sorriso enigmatico.

Sebbene scettica, Chiara decise di seguire l'anziano nel bosco. Mentre camminavano, Anselmo parlava degli alberi come se fossero vecchi amici, raccontando storie di tempi passati, di inverni rigidi e di estati lunghe e secche. Ma più camminavano, più Chiara sentiva qualcosa di strano nell'aria. Gli alberi sembravano muoversi leggermente, anche quando non c'era vento, e a volte aveva la sensazione che la stessero osservando.

Dopo aver camminato per un po', si fermarono davanti a una quercia enorme. "Questo è il più saggio di tutti," disse Anselmo, posando la mano sul tronco ruvido. "Ascolta."

Chiara chiuse gli occhi, cercando di percepire qualcosa. All'inizio non accadde nulla, ma poi, nel silenzio del bosco, udì un sussurro leggero. Era come un mormorio distante, una voce che sembrava provenire dalla profondità della terra. Aprì gli occhi di scatto, il cuore che batteva all'impazzata.

"Lo senti, vero?" chiese Anselmo con un sorriso.

"Non so cosa ho sentito," rispose Chiara, visibilmente scossa.

Nei giorni successivi, la giornalista continuò a esplorare il villaggio e a parlare con Anselmo. Ogni volta che si addentrava nel bosco, sentiva quel legame crescere, come se la foresta la stesse accogliendo e rivelando i suoi segreti. Gli alberi non erano più solo piante; erano testimoni silenziosi di storie antiche, di dolori e gioie umane. Ogni fruscio di foglia, ogni scricchiolio dei rami sembrava raccontare qualcosa di più grande e misterioso.

Un pomeriggio, mentre Chiara sedeva ai piedi di una betulla, una brezza leggera le accarezzò il viso. In quel momento, sentì una frase chiara nella sua mente, una frase che non aveva mai pensato prima: "La terra ricorda tutto."

Si alzò di scatto, incredula. Non poteva essere vero. Eppure, ogni fibra del suo essere le diceva che era reale.

L'ultima sera del suo soggiorno, Anselmo la accompagnò al limite del villaggio. "Hai imparato molto," disse, guardandola con affetto. "Ora sai che gli alberi non sono solo parte della natura, ma della nostra stessa esistenza."

Chiara lo guardò con una nuova consapevolezza. "Cosa devo fare con ciò che ho scoperto?"

"Condividilo con chi è disposto ad ascoltare," rispose Anselmo. "Non tutti lo faranno, ma quelli che lo faranno, troveranno qualcosa di prezioso."

Quando Chiara lasciò il villaggio, il mondo sembrava diverso. Non erano cambiate le strade o le case, ma qualcosa dentro di lei. Le parole di Anselmo e il sussurro degli alberi l'avevano trasformata. Non era solo una storia da raccontare; era un nuovo modo di vedere la realtà.

The Man Who Talked to Trees

In the heart of an isolated valley, there was a small village that seemed to have been forgotten by the world. The streets were narrow and dusty, the stone houses old and weathered by time. The few inhabitants led simple lives, far from the noise of modernity. But there was one figure that everyone in the village knew well: the man who spoke to trees.

His name was Anselmo, and no one knew exactly how old he was. For as long as anyone could remember, he had always been there, with his gray beard and wooden staff, walking through the woods surrounding the village. The elders said that Anselmo had always had a special connection with nature, but no one took his claims of being able to talk to trees seriously. They considered him an eccentric man, a dreamer living in a world of his own.

One day, a young journalist named Chiara arrived in the village. She worked for a magazine specializing in mysterious places and local legends, and the story of Anselmo had caught her attention. She had traveled for hours to reach that remote place, eager to meet the man and uncover the truth behind his claims.

Chiara found him easily. He was sitting on a bench near the village square, his gaze lost toward the forest stretching out on the horizon. Approaching him with her notebook, she introduced herself and asked if she could interview him.

Anselmo looked at her with wise, deep eyes, as if he already knew why she was there. "If you want to talk to me, you must first listen to them," he said, gesturing slightly toward the trees.

Chiara laughed nervously. "You mean the trees?" she asked, incredulous.

"They know more than you imagine," Anselmo replied with an enigmatic smile.

Although skeptical, Chiara decided to follow the old man into the woods. As they walked, Anselmo spoke of the trees as if they were old friends, telling stories of past times, harsh winters, and long, dry summers. But the more they walked, the more Chiara felt something strange in the air. The trees seemed to move slightly, even when there was no wind, and at times, she had the sensation they were watching her.

After walking for a while, they stopped in front of a huge oak tree. "This one is the wisest of all," said Anselmo, placing his hand on the rough bark. "Listen."

Chiara closed her eyes, trying to sense something. At first, nothing happened, but then, in the silence of the woods, she heard a light whisper. It was like a distant murmur, a voice that seemed to come from deep within the earth. She opened her eyes suddenly, her heart pounding.

"You can hear it, can't you?" Anselmo asked with a smile.

"I don't know what I heard," Chiara replied, visibly shaken.

In the following days, the journalist continued to explore the village and talk to Anselmo. Every time she ventured into the woods, she felt that connection grow, as if the forest was welcoming her and revealing its secrets. The trees were no longer just plants; they were silent witnesses to ancient stories, to human sorrows and joys. Every rustle of leaves, every creak of branches seemed to tell something greater and more mysterious.

One afternoon, as Chiara sat at the foot of a birch tree, a gentle breeze brushed her face. In that moment, she heard a clear phrase in her mind, a phrase she had never thought before: "The earth remembers everything."

She jumped up, incredulous. It couldn't be true. And yet, every fiber of her being told her it was real.

On the last evening of her stay, Anselmo accompanied her to the edge of the village. "You've learned a lot," he said, looking at her fondly. "Now you know that trees are not just part of nature, but of our very existence."

Chiara looked at him with newfound awareness. "What should I do with what I've discovered?"

"Share it with those willing to listen," Anselmo replied. "Not everyone will, but those who do will find something precious."

As Chiara left the village, the world seemed different. The roads and houses hadn't changed, but something inside her had. Anselmo's words and the whisper of the trees had transformed her. It wasn't just a story to tell; it was a new way of seeing reality.

Gli Specchi Rotti

I rumori del traffico fuori dalla finestra di Sara erano un costante ronzio di sottofondo. Viveva in quel piccolo appartamento da qualche mese, ma ultimamente qualcosa non andava. Le pareti sembravano stringersi sempre di più attorno a lei, come se il suo mondo si stesse restringendo. Tuttavia, non era l'appartamento in sé che le dava fastidio, ma gli specchi. Erano ovunque: piccoli specchi in corridoio, un grande specchio in camera da letto, e uno nel soggiorno che occupava quasi un'intera parete.

All'inizio, erano solo piccole sensazioni. Un rapido sguardo riflesso di qualcosa che non avrebbe dovuto essere lì. Un movimento sfuggente quando girava l'angolo. Pensava fosse solo la sua immaginazione. Ma con il passare dei giorni, le visioni si facevano più frequenti, più definite. Volti che non riconosceva, scene che sembravano non avere alcun senso. Tuttavia, quello che le dava più ansia era il suo stesso riflesso.

Sara si ritrovava spesso a fissare la sua immagine nello specchio, chiedendosi se fosse davvero lei. C'era qualcosa di strano nei suoi occhi, come se l'altra Sara, quella riflessa, stesse osservando qualcosa di diverso. Un giorno, mentre si pettinava davanti allo specchio del bagno, notò per la prima volta una crepa. Una piccola frattura nel vetro che non ricordava di aver visto prima.

"Devo cambiarlo," mormorò tra sé, ma non lo fece.

Ogni giorno la crepa si allargava un po' di più, quasi come se l'immagine dall'altra parte stesse cercando di sfondare. E poi iniziarono i sogni. Sogni in cui Sara camminava in stanze infinite piene di specchi rotti. Ovunque si girasse, vedeva il suo riflesso, ma ogni volta che si avvicinava, la figura si allontanava, lasciandola sola in un mare di frammenti.

La sua mente cominciava a cedere. Amici e colleghi le dicevano che sembrava stanca, distratta. Ma come avrebbe potuto spiegare cosa le stava succedendo? Non poteva dire loro che ogni volta che passava davanti a uno specchio, si sentiva osservata, giudicata. Che le sembrava di vedere un passato che non ricordava, o peggio, un futuro che non voleva immaginare.

Una notte, mentre cercava di addormentarsi, sentì un rumore provenire dal soggiorno. Un rumore simile a vetro che si infrangeva. Si alzò di scatto, il cuore che batteva forte nel petto. Quando entrò nel soggiorno, vide lo specchio più grande completamente distrutto. Frammenti di vetro sparsi ovunque. Ma quello che la spaventò davvero fu la figura che si stagliava tra i pezzi. Una donna, in piedi, la fissava dall'altra parte del vetro rotto.

"Non puoi più scappare," disse la figura con una voce che suonava esattamente come la sua.

Sara fece un passo indietro, gli occhi fissi sul suo doppio. Poi la figura svanì, lasciandola da sola nel silenzio. Le sue mani tremavano mentre cercava di ripulire i pezzi di vetro, ma ogni frammento rifletteva un'immagine distorta di lei stessa, come se fosse intrappolata in mille realtà diverse.

Nei giorni seguenti, Sara evitava qualsiasi specchio. Aveva coperto quelli che poteva, e altri li aveva tolti dalle pareti. Ma ogni volta che chiudeva gli occhi, vedeva ancora quei frammenti, vedeva la donna nello specchio. Chi era quella donna? Era lei o qualcosa di diverso, di oscuro?

Non riusciva più a distinguere il confine tra la realtà e la sua immaginazione. Ogni riflesso, anche una semplice ombra sul pavimento, le faceva saltare il cuore in gola. Il suo appartamento, una volta un rifugio sicuro, era diventato una prigione. Eppure, non poteva andarsene. Qualcosa la tratteneva lì, legata agli specchi, ai suoi segreti.

L'ultima volta che guardò nello specchio del bagno, la crepa era così grande che quasi divideva l'intera superficie. Si avvicinò lentamente, il respiro corto. Sentiva che qualcosa stava per succedere. La figura era lì, dall'altra parte, che la fissava con occhi vuoti e spietati.

"È ora di liberarti," sussurrò la figura.

Poi, con un suono acuto e violento, lo specchio si frantumò del tutto, lasciando Sara davanti a un vuoto nero, un abisso in cui non poteva fare altro che cadere.

The Broken Mirrors

The noise of traffic outside Sara's window was a constant background hum. She had been living in that small apartment for a few months, but lately, something felt wrong. The walls seemed to close in around her, as if her world was shrinking. However, it wasn't the apartment itself that bothered her, but the mirrors. They were everywhere: small mirrors in the hallway, a large one in the bedroom, and one in the living room that covered almost an entire wall.

At first, it was just fleeting sensations. A quick glimpse of something that shouldn't have been there. A fleeting movement when she turned the corner. She thought it was just her imagination. But as the days passed, the visions became more frequent, more defined. Faces she didn't recognize, scenes that made no sense. However, what unsettled her most was her own reflection.

Sara often found herself staring at her image in the mirror, wondering if it was really her. There was something strange in her eyes, as if the other Sara, the one reflected, was looking at something else. One day, while brushing her hair in front of the bathroom mirror, she noticed a crack for the first time. A small fracture in the glass she didn't remember seeing before.

"I need to replace it," she muttered to herself, but she didn't.

Every day, the crack grew a little bigger, almost as if the image on the other side was trying to break through. Then, the dreams began. Dreams where Sara wandered through endless rooms filled with broken mirrors. Everywhere she turned, she saw her reflection, but every time she approached, the figure receded, leaving her alone in a sea of fragments.

Her mind was starting to fray. Friends and colleagues told her she looked tired, distracted. But how could she explain what was happening to her? She couldn't tell them that every time she passed a mirror, she felt watched, judged. That she seemed to see a past she didn't remember, or worse, a future she didn't want to imagine.

One night, as she tried to fall asleep, she heard a noise coming from the living room. It sounded like glass shattering. She jumped up, her heart pounding in her chest. When she entered the living room, she saw the large mirror completely shattered. Pieces of glass scattered everywhere. But what truly terrified her was the figure standing among the shards. A woman, standing, staring at her from the other side of the broken glass.

"You can't run anymore," said the figure in a voice that sounded exactly like hers.

Sara took a step back, her eyes fixed on her double. Then, the figure vanished, leaving her alone in silence. Her hands trembled as she tried to clean up the pieces of glass, but every shard reflected a distorted image of herself, as if she were trapped in a thousand different realities.

In the following days, Sara avoided any mirrors. She had covered the ones she could, and others she had taken down from the walls. But every time she closed her eyes, she still saw those shards, saw the woman in the mirror. Who was that woman? Was it her or something darker?

She could no longer distinguish the line between reality and her imagination. Every reflection, even a simple shadow on the floor, made her heart leap into her throat. Her apartment, once a safe refuge, had become a prison. Yet, she couldn't leave. Something held her there, bound to the mirrors, to their secrets.

The last time she looked into the bathroom mirror, the crack was so large it almost split the entire surface. She approached slowly, her breath shallow. She felt something was about to happen. The figure was there, on the other side, staring at her with empty, merciless eyes.

"It's time to set you free," the figure whispered.

Then, with a sharp, violent sound, the mirror shattered completely, leaving Sara staring into a black void, an abyss into which she could do nothing but fall.

Il Segreto di Villa Amalia

Erano passati anni da quando l'ex commissario Salvo Marini aveva appeso il distintivo al chiodo. Viveva una vita tranquilla nel suo piccolo appartamento a Siracusa, tra lunghe passeggiate sul lungomare e serate trascorse a leggere vecchi gialli con una tazza di caffè. Ma una mattina, ricevette una telefonata che avrebbe cambiato tutto.

"Salvo, è successo qualcosa di strano," disse una voce familiare dall'altro capo del telefono. Era Vito, un vecchio amico d'infanzia che Salvo non sentiva da anni. "Ho bisogno di vederti. Non al telefono... di persona."

La voce di Vito era agitata, un'ombra di panico che Salvo non aveva mai sentito in lui. L'ex commissario accettò, incuriosito. Vito gli propose di incontrarsi alla Villa Amalia, un'antica villa sulla collina fuori dal paese, un luogo avvolto da misteri e leggende. Nessuno visitava la villa da anni.

Arrivato alla villa, però, Salvo trovò la porta socchiusa e nessuna traccia di Vito. Solo silenzio. Qualcosa non andava. Entrò cautamente, osservando ogni dettaglio. Le stanze della villa erano polverose, abbandonate, ma qua e là c'erano segni recenti di movimento. Un bicchiere sul tavolo, una sedia spostata. Vito era stato lì, ma dove si trovava adesso?

Mentre esplorava la villa, Salvo si imbatté in una serie di lettere nascoste in un vecchio cassetto. Erano indirizzate a Vito e risalivano a molti anni prima, ma il contenuto era criptico. Facevano riferimento a segreti nascosti, a incontri notturni, a un amore proibito. Salvo capì che Vito non gli aveva raccontato tutto. Forse quella visita non era stata solo un incontro tra amici.

Le voci nel piccolo paese si diffusero rapidamente. "L'hanno visto l'ultima volta alla Villa Amalia," dicevano alcuni. "Sapeva troppo," mormoravano altri. La villa aveva una fama oscura, e molti credevano che fosse maledetta. Ma Salvo non credeva alle superstizioni. Quello che sapeva era che Vito era scomparso, e c'erano troppi dettagli che non quadravano.

Le indagini lo portarono a scavare tra i segreti dei residenti del paese. Scoprì che Vito aveva avuto legami con alcune persone potenti della zona, e che Villa Amalia, un tempo luogo di incontri aristocratici, era ora legata a qualcosa di più oscuro. Salvo cominciò a sospettare che la scomparsa di Vito fosse collegata a quegli antichi segreti mai risolti.

Una sera, mentre rileggeva le lettere, capì che alcune parole erano un codice. Lo portarono a una stanza nascosta nella villa, dietro una libreria. Entrando, trovò un vecchio diario appartenente all'ex proprietaria della villa, la contessa Amalia. Nel diario c'erano descritti incontri segreti con figure di spicco locali e un accenno a una terribile vendetta.

Poco dopo, Salvo venne avvicinato da un uomo misterioso che gli consigliò di abbandonare le ricerche. "Alcuni segreti dovrebbero rimanere sepolti, Marini," disse l'uomo con voce fredda. Ma Salvo non era tipo da lasciarsi intimidire. Continuò a indagare, scoprendo che la contessa aveva protetto una cospirazione che coinvolgeva molti del paese, e che Vito era stato minacciato dopo aver scoperto la verità.

Alla fine, trovò Vito nascosto in una vecchia capanna nei boschi, debole ma vivo. "Salvo, dovevo sapere," sussurrò Vito, "ma ora so troppo."

Con le prove raccolte, Salvo riuscì a rivelare i colpevoli dietro la cospirazione che legava Villa Amalia al passato oscuro della città. Tuttavia, il mistero della villa, con i suoi segreti, rimase, come un'ombra che continuava a incombere sul paese.

The Secret of Villa Amalia

It had been years since former Inspector Salvo Marini had hung up his badge. He lived a quiet life in his small apartment in Syracuse, enjoying long walks along the seafront and evenings spent reading old detective novels with a cup of coffee. But one morning, he received a phone call that would change everything.

"Salvo, something strange has happened," said a familiar voice on the other end of the line. It was Vito, an old childhood friend Salvo hadn't heard from in years. "I need to see you. Not over the phone... in person."

Vito's voice was agitated, a hint of panic that Salvo had never heard from him before. The former inspector agreed, intrigued. Vito suggested meeting at Villa Amalia, an ancient mansion on the hill outside town, a place shrouded in mysteries and legends. No one had visited the villa in years.

When Salvo arrived at the villa, however, he found the door ajar and no sign of Vito. Just silence. Something wasn't right. He cautiously entered, observing every detail. The rooms in the villa were dusty, abandoned, but here and there were signs of recent activity. A glass on the table, a chair moved. Vito had been there, but where was he now?

As he explored the villa, Salvo stumbled upon a series of letters hidden in an old drawer. They were addressed to Vito and dated many years back, but their content was cryptic. They referenced hidden secrets, nighttime meetings, and a forbidden love. Salvo realized that Vito hadn't told him everything. Perhaps this visit wasn't just a friendly reunion.

The rumors in the small town spread quickly. "He was last seen at Villa Amalia," some said. "He knew too much," others whispered. The villa had a dark reputation, and many believed it was cursed. But Salvo didn't believe in superstitions. What he knew was that Vito had disappeared, and there were too many details that didn't add up.

His investigation led him to dig into the secrets of the town's residents. He discovered that Vito had ties with some powerful people in the area, and that Villa Amalia, once a place of aristocratic gatherings, was now linked to something far darker. Salvo began to suspect that Vito's disappearance was connected to those old, unresolved secrets.

One evening, as he reread the letters, he realized that some words were a code. They led him to a hidden room in the villa, behind a bookshelf. Entering, he found an old diary belonging to the villa's former owner, Countess Amalia. The diary described secret meetings with local prominent figures and hinted at a terrible revenge.

Shortly after, Salvo was approached by a mysterious man who advised him to abandon his search. "Some secrets should remain buried, Marini," the man said with a cold voice. But Salvo wasn't the type to be intimidated. He continued his investigation, discovering that the countess had protected a conspiracy involving many in the town, and that Vito had been threatened after uncovering the truth.

Eventually, Salvo found Vito hiding in an old cabin in the woods, weak but alive. "Salvo, I had to know," Vito whispered, "but now I know too much."

With the evidence he had gathered, Salvo managed to expose those behind the conspiracy that tied Villa Amalia to the town's dark past. However, the mystery of the villa, with its secrets, remained, like a shadow that continued to loom over the town.

Sotto la Luna di Roma

Era una di quelle notti romane in cui il caldo dell'estate sembrava fondersi con le pietre antiche, e l'aria era densa di profumi di gelsomino e suoni di risate lontane. Giulia camminava lentamente lungo il Tevere, i suoi pensieri vagando come la corrente lenta del fiume. Non era sicura di cosa cercasse esattamente, forse un momento di pace, o semplicemente una pausa dal caos della sua vita. Ma sotto la luce morbida della luna, quella sera Roma sembrava offrirle qualcosa di più.

All'improvviso, si accorse di non essere sola. Un uomo era seduto su una panchina vicino a lei, con lo sguardo rivolto verso il fiume. Era un volto che non aveva mai visto prima, ma c'era qualcosa nel suo sguardo che la incuriosì. Le sembrava di conoscerlo, anche se non l'aveva mai incontrato.

L'uomo alzò lo sguardo e i loro occhi si incontrarono. In un attimo, come se spinti da un impulso invisibile, Giulia si avvicinò. Non sapeva spiegare cosa la spingesse verso di lui, ma si sedette accanto a lui, senza dire una parola.

"È una bella notte," disse lui con una voce bassa e profonda, che sembrava fondersi con il suono del fiume.

Giulia annuì, guardando la luna riflettersi sull'acqua. "Roma sembra diversa sotto questa luce," rispose. "Come se tutti i segreti della città venissero sussurrati nel vento."

L'uomo sorrise. "Forse è proprio per questo che siamo qui," disse. "Per ascoltare quei segreti."

E così, cominciarono a parlare. Parlarono di Roma, di sogni, di desideri nascosti, come se fossero vecchi amici che si ritrovavano dopo anni. Lui si chiamava Marco, un fotografo di passaggio in città, cercava ispirazione per il suo prossimo progetto. Giulia, invece, era un'insegnante di letteratura, divisa tra il suo amore per i libri e il desiderio di qualcosa di più nella vita.

Le loro parole si mescolavano con il fruscio delle foglie degli alberi, con il rumore dei passi dei passanti occasionali, con il battito dei loro cuori che, a poco a poco, si allineavano. Il tempo sembrava fermarsi mentre parlavano, e sotto la luna di Roma, una connessione si formava tra loro, silenziosa ma potente.

Le ore passavano senza che se ne accorgessero, e la notte cominciava a svanire. Ma proprio mentre l'alba si avvicinava, Giulia sentì un nodo formarsi nello stomaco. Nonostante la bellezza del loro incontro, sapeva che non poteva durare. Marco avrebbe presto lasciato Roma, e la loro vita, così diversa, li avrebbe separati.

"Domani devo partire," disse Marco, rompendo il silenzio. "Ho un volo per Parigi."

Giulia si girò verso di lui, sentendo il peso di quelle parole. "E se non ci fosse un domani per noi?" chiese con una voce tremante, consapevole che stava per perdere qualcosa che, fino a poche ore prima, non sapeva nemmeno esistesse.

Marco le prese la mano. "Abbiamo questa notte," rispose. "E a volte, una notte può bastare."

Si guardarono ancora una volta, il silenzio tra loro pieno di tutto ciò che non potevano dire. Poi si baciarono, un bacio che racchiudeva tutta la bellezza e la tristezza di quel momento fugace. Sotto la luna di Roma, il loro amore sembrava eterno, anche se entrambi sapevano che sarebbe finito con l'alba.

Quando la prima luce del mattino iniziò a colorare il cielo, si separarono, consapevoli che quello che avevano vissuto sarebbe rimasto per sempre nei loro ricordi, come un sogno dolce e doloroso che non si dimentica mai.

49

Under the Moon of Rome

It was one of those Roman nights where the summer heat seemed to blend with the ancient stones, and the air was thick with the scent of jasmine and the distant sound of laughter. Giulia walked slowly along the Tiber, her thoughts drifting like the slow current of the river. She wasn't sure what she was looking for exactly—maybe a moment of peace, or just a break from the chaos of her life. But under the soft moonlight, tonight Rome seemed to offer her something more.

Suddenly, she realized she wasn't alone. A man was sitting on a bench nearby, gazing out at the river. It was a face she had never seen before, but something about his expression intrigued her. It felt like she knew him, even though they had never met.

The man looked up, and their eyes met. In an instant, as if guided by an invisible force, Giulia moved closer. She couldn't explain what drew her to him, but she sat down next to him without saying a word.

"It's a beautiful night," he said in a low, deep voice that seemed to blend with the sound of the river.

Giulia nodded, watching the moon reflect on the water. "Rome looks different under this light," she replied. "It's as if all the city's secrets are whispered in the wind."

The man smiled. "Maybe that's why we're here," he said. "To listen to those secrets."

And so, they began to talk. They talked about Rome, about dreams, about hidden desires, as if they were old friends reconnecting after years. His name was Marco, a photographer passing through the city, searching for inspiration for his next project. Giulia, on the other hand, was a literature teacher, torn between her love for books and the desire for something more in life.

Their words mingled with the rustling of leaves, with the sound of occasional footsteps, with the beating of their hearts, which slowly began to sync. Time seemed to stop as they spoke, and under the moon of Rome, a connection formed between them, silent but powerful.

The hours passed without them noticing, and the night began to fade. But just as dawn approached, Giulia felt a knot form in her stomach. Despite the beauty of their encounter, she knew it couldn't last. Marco would soon leave Rome, and their lives, so different, would inevitably separate them.

"Tomorrow, I have to leave," Marco said, breaking the silence. "I have a flight to Paris."

Giulia turned to him, feeling the weight of those words. "What if there's no tomorrow for us?" she asked, her voice trembling, knowing she was about to lose something she hadn't even known existed a few hours earlier.

Marco took her hand. "We have this night," he replied. "And sometimes, one night is enough."

They looked at each other again, the silence between them filled with everything they couldn't say. Then they kissed, a kiss that held all the beauty and sadness of that fleeting moment. Under the moon of Rome, their love felt eternal, even though they both knew it would end with the dawn.

As the first light of morning began to paint the sky, they parted, knowing that what they had experienced would remain forever in their memories, like a sweet and painful dream that is never forgotten.

La Terra del Silenzio

Era una giornata fredda e grigia quando Elena trovò il manoscritto. Si trovava nell'archivio polveroso di una vecchia biblioteca in un piccolo paese toscano, dove stava conducendo ricerche per la sua tesi di dottorato sulla storia post-unitaria italiana. Il titolo sul manoscritto era sbiadito, quasi illeggibile, ma le parole *La Terra del Silenzio* spiccavano chiaramente sulla copertina. C'era qualcosa in quel titolo che le diede i brividi. Lo prese delicatamente tra le mani e si sedette a un tavolo vicino, dove iniziò a sfogliare le pagine ingiallite dal tempo.

Il manoscritto raccontava la storia di una nobildonna, Isabella, che aveva vissuto durante i tumultuosi anni dell'Unità d'Italia. Appartenente a una delle famiglie più potenti della regione, Isabella aveva incontrato un giovane rivoluzionario di nome Lorenzo, che combatteva per la liberazione e l'unificazione del paese. I due si erano innamorati, ma la loro storia d'amore era stata segnata dalla tragedia.

Mentre Elena leggeva, le parole sembravano prendere vita. Poteva quasi sentire i sussurri dei protagonisti, sentire il fruscio delle loro vesti di seta, vedere le luci tremolanti delle candele nelle stanze fredde e oscure del palazzo di Isabella. Si immergeva sempre di più nel mondo del XIX secolo, dove gli ideali di libertà e giustizia si scontravano con il peso della tradizione e della nobiltà.

Isabella e Lorenzo avevano cospirato in segreto contro il regime oppressivo, ma il loro amore proibito era stato scoperto. La famiglia di Isabella, contraria alla loro relazione e ai suoi ideali politici, aveva fatto di tutto per separare i due amanti. Lorenzo era stato arrestato e condannato a morte, mentre Isabella era stata rinchiusa nella sua villa, prigioniera del suo stesso nome e del suo rango.

Il manoscritto non solo rivelava i dettagli della loro storia, ma conteneva anche riferimenti a misteriose lettere, criptate e nascoste, che Lorenzo aveva inviato a Isabella durante la sua prigionia. Elena, curiosa e affascinata, decise di seguire le tracce lasciate nelle pagine. Ogni indizio sembrava portarla più vicina a una verità nascosta, sepolta nelle profondità del tempo.

Più si immergeva nella storia, più le sembrava che il passato e il presente si fondessero. Spesso sognava Isabella e Lorenzo, sentiva la loro presenza ovunque andasse, come se stessero cercando di dirle qualcosa. Ogni volta che tornava alla villa dove Isabella aveva vissuto, avvertiva un'energia palpabile, un richiamo dal passato che non riusciva a ignorare.

Un giorno, mentre stava esplorando un'antica cappella nei pressi della villa, Elena trovò una botola nascosta. Sotto di essa c'era un passaggio segreto che conduceva a una piccola stanza nascosta, completamente sigillata. Dentro, c'era una scatola di legno ricoperta di polvere. Tremante, la aprì e trovò le lettere che Lorenzo aveva scritto a Isabella. Erano piene di parole d'amore, ma anche di piani segreti per un'ultima rivolta contro il regime.

Con quelle lettere, Elena scoprì una verità sconvolgente: Isabella non aveva mai abbandonato la lotta. Dopo la morte di Lorenzo, aveva continuato a cospirare in segreto fino al giorno della sua morte, sacrificando tutto per la causa in cui credeva. Il loro amore non era stato vano, ma aveva gettato le basi per un movimento che sarebbe durato oltre la loro morte.

Mentre Elena terminava di leggere l'ultima lettera, capì che non si trattava solo di una storia d'amore tragica, ma di un racconto di sacrificio, speranza e lotta. Il passato che aveva scoperto non era solo una finestra su un'epoca lontana, ma un riflesso delle stesse battaglie che si combattevano nel presente. Uscendo dalla villa, sentì il peso del tempo su di sé, ma anche una nuova consapevolezza. La storia di Isabella e Lorenzo non era finita: viveva ancora, nei cuori e nelle menti di chi continuava a lottare per la libertà.

The Land of Silence

It was a cold and gray day when Elena found the manuscript. She was in the dusty archives of an old library in a small Tuscan village, conducting research for her doctoral thesis on post-unification Italian history. The title on the manuscript was faded, almost illegible, but the words *The Land of Silence* stood out clearly on the cover. There was something about that title that sent chills down her spine. She gently picked it up and sat at a nearby table, where she began leafing through the yellowed pages.

The manuscript told the story of a noblewoman, Isabella, who had lived during the tumultuous years of Italian unification. Belonging to one of the most powerful families in the region, Isabella had met a young revolutionary named Lorenzo, who was fighting for the liberation and unification of the country. The two had fallen in love, but their romance had been marked by tragedy.

As Elena read, the words seemed to come to life. She could almost hear the whispers of the protagonists, feel the rustle of their silk garments, see the flickering candlelight in the cold, dark rooms of Isabella's palace. She became more and more immersed in the world of the 19th century, where ideals of freedom and justice clashed with the weight of tradition and nobility.

Isabella and Lorenzo had conspired in secret against the oppressive regime, but their forbidden love had been discovered. Isabella's family, opposed to their relationship and her political ideals, had done everything to separate the two lovers. Lorenzo was arrested and sentenced to death, while Isabella was confined to her villa, a prisoner of her own name and status.

The manuscript not only revealed the details of their story but also contained references to mysterious, encrypted letters that Lorenzo had sent to Isabella during his imprisonment. Fascinated and curious, Elena decided to follow the clues left in the pages. Every hint seemed to bring her closer to a hidden truth, buried deep in time.

The more she delved into the story, the more it seemed that the past and present were merging. She often dreamed of Isabella and Lorenzo, felt their presence wherever she went, as if they were trying to tell her something. Each time she returned to the villa where Isabella had lived, she sensed a palpable energy, a call from the past she couldn't ignore.

One day, while exploring an old chapel near the villa, Elena found a hidden trapdoor. Beneath it was a secret passage leading to a small, sealed-off room. Inside, there was a dust-covered wooden box. Trembling, she opened it and found the letters Lorenzo had written to Isabella. They were filled with words of love, but also with secret plans for one last revolt against the regime.

With those letters, Elena uncovered a shocking truth: Isabella had never abandoned the fight. After Lorenzo's death, she had continued to conspire in secret until the day she died, sacrificing everything for the cause she believed in. Their love had not been in vain but had laid the groundwork for a movement that would outlast their deaths.

As Elena finished reading the last letter, she realized that this was not just a tragic love story, but a tale of sacrifice, hope, and struggle. The past she had uncovered was not just a window into a distant era but a reflection of the same battles still being fought in the present. Leaving the villa, she felt the weight of time on her, but also a new awareness. The story of Isabella and Lorenzo was not over: it lived on, in the hearts and minds of those who continued to fight for freedom.

La Corsa del Tempo

Nel futuro, il tempo non era più solo un concetto astratto. Era diventato la risorsa più preziosa, acquistabile e vendibile come qualsiasi altra merce. Le persone potevano accumularlo, scambiarlo, persino perderlo. E per Lorenzo, il tempo era diventato una merce che aveva quasi completamente esaurito.

Seduto al tavolo della sua cucina spoglia, Lorenzo osservava la sua carta del tempo. Un piccolo display luminoso sul polso gli ricordava, con un lampeggio insistente, quanto poco gli restava. Quattro ore e diciassette minuti. Quel pensiero lo colpiva come una pugnalata al petto. Una vita sprecata, una corsa continua verso nulla. Aveva sprecato il suo tempo in lavori inutili, in relazioni vuote, in sogni mai realizzati.

La società in cui viveva permetteva a chiunque di vendere le proprie ore, giorni, persino anni in cambio di denaro o favori. Il mercato del tempo era diventato il centro di tutto. Ma ora che non gli rimaneva quasi più nulla, Lorenzo si trovava di fronte a una scelta impossibile. Poteva vivere le ultime ore in pace o tentare una decisione disperata per riacquistare il tempo che aveva perso.

Attraverso il finestrino della cucina, osservava le persone che passavano per strada, i loro polsi luminosi che indicavano chi era ricco di tempo e chi, come lui, ne aveva quasi esaurito. Notò una giovane donna, il cui display indicava centinaia di ore ancora da vivere, camminare con una leggerezza che lui non avrebbe mai potuto permettersi. Era come osservare vite distanti anni luce dalla sua, persone per cui il tempo era un lusso.

Quella sera, Lorenzo prese una decisione. Si recò alla Banca del Tempo, un'istituzione che non aveva mai osato avvicinare prima. L'insegna luminosa della banca brillava nella notte, invitante e minacciosa allo stesso tempo. Varcò la soglia e si trovò in una sala enorme, piena di schermi e monitor che segnavano ogni singolo secondo, ogni contratto stipulato. L'aria era carica di tensione, come se il tempo stesso stesse rallentando in quel luogo.

Si avvicinò al banco e un impiegato senza volto lo accolse. "Quanto vuoi?" chiese l'uomo, con una voce monotona e meccanica.

"Quanto posso ottenere?" rispose Lorenzo, con un filo di speranza nella voce.

"Dipende da quanto sei disposto a dare in cambio," rispose l'impiegato. "Puoi cedere ricordi, emozioni, pezzi della tua anima. Il tempo non è mai gratuito."

Lorenzo esitò. L'idea di perdere parte di sé era agghiacciante, ma cosa aveva davvero da perdere? Aveva già sprecato tutto ciò che contava. Decise di accettare. "Prendete quello che volete," disse infine. "Voglio solo più tempo."

Senza ulteriori domande, l'impiegato gli consegnò un contratto. Le clausole erano scritte in caratteri minuscoli, quasi impossibili da leggere. Ma Lorenzo firmò, senza pensarci due volte. Immediatamente, sentì un formicolio lungo il braccio e il suo display si riempì di nuove ore. Sessanta ore. Un dono e una condanna allo stesso tempo.

Mentre usciva dalla banca, sentì il mondo attorno a lui cambiare. Il cielo sembrava più grigio, le voci delle persone più lontane, come se qualcosa dentro di lui fosse stato sottratto. Ma aveva più tempo. Poteva fare tutto ciò che aveva rimandato per anni. Poteva iniziare da capo, costruire una vita nuova.

Tuttavia, più passavano le ore, più si rendeva conto del vero prezzo che aveva pagato. I suoi ricordi cominciavano a sbiadire. Non riusciva più a ricordare il volto di sua madre, il profumo dei campi dove giocava da bambino, i sorrisi delle persone che aveva amato. Ogni minuto guadagnato sembrava cancellare qualcosa di importante.

Alla fine, Lorenzo capì che il tempo che aveva guadagnato non aveva alcun valore senza ciò che aveva perso. Non era più l'uomo che aveva firmato quel contratto. Era solo una vuota ombra, un guscio che continuava a camminare, con il suo orologio luminoso che segnava ogni secondo che lo separava dalla fine.

The Race of Time

In the future, time was no longer just an abstract concept. It had become the most precious resource, bought and sold like any other commodity. People could accumulate it, trade it, even lose it. And for Lorenzo, time had become a commodity he had almost entirely depleted.

Sitting at the table in his bare kitchen, Lorenzo stared at his time card. A small luminous display on his wrist flashed insistently, reminding him how little he had left. Four hours and seventeen minutes. The thought hit him like a dagger to the chest. A wasted life, a constant race toward nothing. He had squandered his time on meaningless jobs, empty relationships, dreams that never materialized.

The society he lived in allowed anyone to sell their hours, days, even years in exchange for money or favors. The time market had become the center of everything. But now, with almost nothing left, Lorenzo faced an impossible choice. He could either live out his final hours in peace or make a desperate decision to reclaim the time he had lost.

Through his kitchen window, he watched people passing by, their wrists glowing, showing who was rich in time and who, like him, was nearly out. He noticed a young woman, whose display indicated hundreds of hours left to live, walking with a lightness he could never afford. It was like observing lives light-years away from his own, people for whom time was a luxury.

That evening, Lorenzo made a decision. He went to the Bank of Time, an institution he had never dared to approach before. The bank's glowing sign shimmered in the night, both inviting and threatening. He crossed the threshold and found himself in a vast hall filled with screens and monitors, tracking every single second, every contract made. The air was thick with tension, as if time itself was slowing down in that place.

He approached the counter, and a faceless clerk greeted him. "How much do you want?" asked the man, his voice monotone and mechanical.

"How much can I get?" Lorenzo replied, a hint of hope in his voice.

"That depends on how much you're willing to give in return," the clerk answered. "You can give up memories, emotions, pieces of your soul. Time is never free."

Lorenzo hesitated. The idea of losing parts of himself was chilling, but what did he really have to lose? He had already wasted everything that mattered. He decided to accept. "Take whatever you want," he said finally. "I just want more time."

Without further questions, the clerk handed him a contract. The terms were written in tiny print, almost impossible to read. But Lorenzo signed without a second thought. Immediately, he felt a tingling sensation down his arm, and his display filled with new hours. Sixty hours. A gift and a curse at the same time.

As he left the bank, he felt the world around him change. The sky seemed grayer, people's voices more distant, as if something inside him had been taken away. But he had more time. He could do everything he had put off for years. He could start over, build a new life.

However, as the hours passed, he realized the true price he had paid. His memories began to fade. He could no longer recall his mother's face, the smell of the fields where he played as a child, the smiles of the people he had loved. Every minute gained seemed to erase something important.

In the end, Lorenzo understood that the time he had gained was worthless without what he had lost. He was no longer the man who had signed that contract. He was just an empty shadow, a shell that kept walking, with his luminous clock marking every second that separated him from the end.

9 798227 405562